여기는
대한민국 푸른 섬
독도리입니다

처음부터 제대로 배우는 한국사 그림책 03
여기는 대한민국 푸른 섬 독도리입니다 _섬초롱꽃이 들려주는 독도 이야기

초판 1쇄 발행 2015년 6월 8일
초판 7쇄 발행 2023년 5월 17일

글 장지혜
그림 문종훈

펴낸곳 도서출판 개암나무(주)
펴낸이 김보경
경영관리 총괄 김수현   **경영관리** 배정은
편집 조원선 오누리 김소희   **디자인** 이은주   **마케팅** 김유정
출판등록 2006년 6월 16일   제22-2944호

주소 서울특별시 용산구 한남대로 40길 19, 4층(한남동, JD빌딩) (우)04417
전화 (02)6254-0601, 6207-0603   **팩스** (02)6254-0602   **E-mail** gaeam@gaeamnamu.co.kr
개암나무 블로그 http://blog.naver.com/gaeamnamu   **개암나무 카페** http://cafe.naver.com/gaeam

ⓒ 장지혜, 문종훈, 2015
이 책의 저작권은 저자에게 있습니다. 저자와 출판사의 허락 없이 내용의 일부를 인용하거나 발췌하는 것을 금합니다.

ISBN 978-89-6830-157-5 74900
ISBN 978-89-6830-122-3 (세트)

이 도서의 국립중앙도서관 출판시도서목록(CIP)은 서지정보유통지원시스템 홈페이지(http://seoji.nl.go.kr)와
국가자료공동목록시스템(http://www.nl.go.kr/kolisnet)에서 이용하실 수 있습니다.
(CIP제어번호: CIP2015011952)

품명 아동 도서 | **제조년월** 2023년 5월 17일 | **사용연령** 10세 이상
제조자명 개암나무(주) | **제조국명** 대한민국 | **전화번호** 02-6254-0601
주소 서울특별시 용산구 한남대로 40길 19, 4층(한남동, JD빌딩)

섬초롱꽃이 들려주는
독도 이야기

여기는 대한민국 푸른 섬 독도리입니다

장지혜 글 문종훈 그림

개암나무

"대한민국 동쪽 땅 끝,
휘몰아치는 파도를 거친 숨결로 잠재우고
우리는 한국인의 얼을 독도에 심었노라."

— 1997년 11월 7일 독도 접안 시설 준공 기념비에 새겨진 글

나는 푸른 동해 한가운데 우뚝 솟은 섬, 독도에 살고 있어요.
처음엔 바다제비가 옮겨 준 작은 씨앗이었지요.
그런데 하필 가파른 낭떠러지에 떨어져서
아주 오랫동안 좁고 어두운 바위틈에 있어야 했어요.
이 섬은 비가 내려도 물이 고이지 않고 그대로 흘러내리는,
온통 바위로 된 곳이거든요.
아, 언 땅이 녹으니 조금씩 봄기운이 느껴지네요.
날씨가 풀리면서 이 섬을 찾는 괭이갈매기들도 점점 많아졌어요.
시끄럽게 떠들어 대는 녀석들 덕분에
깜깜한 바위틈에서도 심심하지는 않았어요.

"저쪽 나라 사람들이 독도를 자꾸 이상한 이름으로 부른다며?"
"응, 나도 들었어. 다케시마인가?
다케시마는 저쪽 나라 말로 대나무 섬이라는 뜻이래."
"그러니까 더 말이 안 되지.
바닷바람 때문에 독도에는 대나무처럼 키 큰 나무가 살 수 없잖아!
게다가 전에는 울릉도를 다케시마로, 독도를 소나무 섬인 마츠시마로
부르더니 왜 갑자기 또 이름을 바꿔 부르는 거야?"
"아이고, 복잡해라! 독도라 부르든 다케시마라 부르든 뭐가 중요해?
어차피 우리 갈매기들하고는 아무 상관도 없는 일인데!"
"상관이 없다고? 여긴 우리가 해마다 알을 낳고
새끼를 기르는 곳이야. 그러니까 상관이 있지!
이 섬이 다른 나라 땅이 되면 우리가 지금처럼
오갈 수 있을지 없을지도 모르잖아.
그리고 생각해 봐. 만약에 우리더러 갈매기라고 하지 않고
제비라고 부르면 기분이 좋겠어?"
"듣고 보니 그러네. 하긴 지금까지 울릉도와 독도는
이쪽 나라 사람들이 지켜 왔는데……."
"그래, 우리 갈매기들도 할아버지의 할아버지 때부터
들어서 알고 있는 얘기잖아."

그렇게 해서 나는 이곳이 독도라고 불리는
섬이라는 것을 알게 되었어요.
물론 저쪽 나라와 이쪽 나라 사람들이
누구인지는 알 수 없었지만요.
'아하! 모든 것에는 다 이름이 있구나! 그럼 내 이름은 무엇일까?'
나는 내 이름이 궁금했어요.
그래서 있는 힘을 다해 뿌리를 내렸습니다.
얼른 밖으로 고개를 내밀어 내 이름이 무엇인지 물어보고 싶었지요.
이 섬의 풍경을 보고 싶은 마음도 컸어요.
내 몸은 점점 근질근질해졌답니다.

그러던 어느 날, 마침내 연둣빛 새싹이 되어
땅 위로 삐죽 올라왔습니다.
드넓은 바다와 시원한 바람!
듣던 대로 독도는 아름다운 섬이었어요.
서도와 동도 주위에는 크고 작은 바위들이 둘러서 있었지요.
문득 내가 있는 곳을 살펴보니 깎아지를 듯 높은 낭떠러지였어요.
"이런 곳에서 꽃을 피울 수 있을까?"
나도 모르게 한숨이 나왔습니다.
혼잣말을 들었는지 절벽 아래 비교적 평평한 곳에
무리 지어 있던 해국들이 말을 걸어왔어요.

"안녕? 넌 처음 보는 풀인데 이름이 뭐니?"
"아직…… 잘 모르겠어요."
그러자 해국들이 오소소 몸을 떨며 웃었습니다.
"이름을 모른다고? 어쩌면 넌 꽃이 아닐지도 모르겠구나.
우리를 소개하자면 바닷가에 피는 국화인 해국이란다.
가을에 활짝 피어서 한바탕 꽃 잔치를 벌일 거야."
이번에는 바닷가 가까운 바위에서 파릇파릇 자라고 있는
땅채송화가 끼어들었습니다.
"우리 이름은 땅채송화야. 조금 있으면 노란 빛깔의
우아한 꽃을 피울 거란다."
땅채송화들도 도도하게 말했습니다.
"반가워요. 그런데 혹시 나처럼 생긴 꽃을 본 적이 있나요?"
"우리가 보기에 넌 꽃이 아닌 것 같아.
생김새만 봐서는 그냥 이름 없는 잡초 같은데?"
잡초라는 말에 그만 가슴이 철렁 내려앉았습니다.

파도 소리가 철썩철썩 들려옵니다.
소금기를 머금은 짠바람이 계속해서 몰아칩니다.
까마중, 갯제비쑥 등 주위의 다른 꽃들에게 물어봐도
내 이름을 알고 있는 꽃은 하나도 없었지요.
기운이 없어 간신히 바위틈에 붙어 있을 때였어요.
잔풀 사이로 괭이갈매기 둥지가 보였습니다.
아기 갈매기 한 마리가 솜털을 고르고 있었어요.
아기 갈매기는 분홍색 부리를 내밀고 사방을 두리번거렸지요.
그러더니 뒤뚱뒤뚱하며 내 쪽으로 다가왔어요.

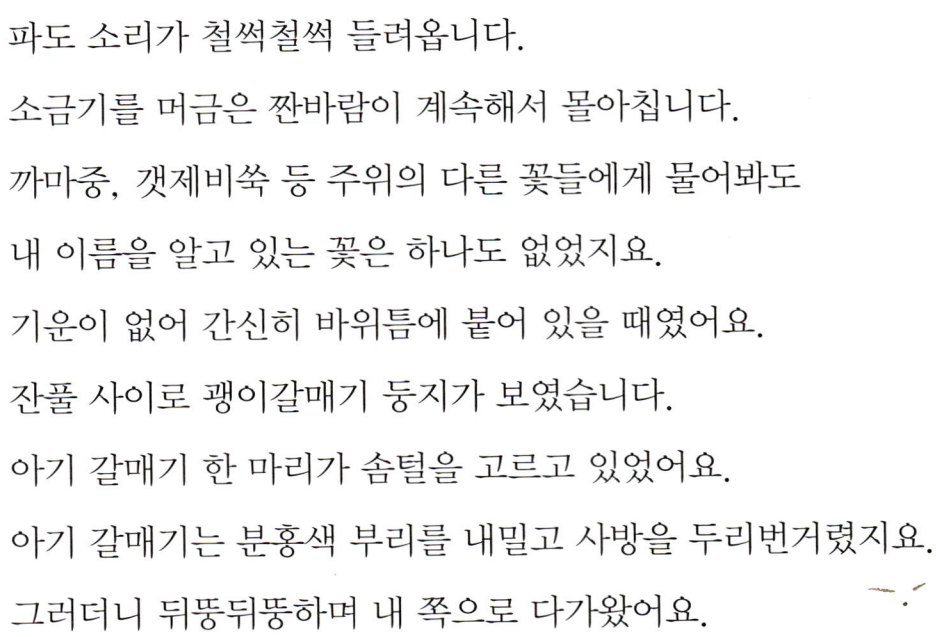

"설마 그 부리로 날 쪼려는 건 아니지?"
나는 몸을 잔뜩 움츠린 채 소리쳤어요.
"난 아직 거기까지 가지도 못해.
그리고 너처럼 맛없게 생긴 걸 왜 먹겠어?"
아기 갈매기가 부리로 땅을 콕콕 쪼면서 말했어요.

"혹시 장난삼아 건들까 봐 그러지."
"그런데 넌 무슨 꽃이야?"
"사실은 나도 잘 모르겠어. 한 번도 꽃을 피워 본 적이 없거든."
"자기가 무슨 꽃인지도 모른다고? 에이, 바보!"
아기 갈매기가 둥지로 돌아가자 나는 다시 혼자가 되었습니다.

그때, 어딘가에서 말소리가 들렸습니다.
"이봐, 그렇다고 너무 실망하지 마.
너한테도 예쁜 이름이 있을지 모르잖아."
"누구세요?"
"난 사철나무야."
소리 나는 곳을 보니 비틀어진 나무 한 그루가 있었어요.
높다란 바위틈에 뿌리를 내리고 서 있었지요.
"꼴이 좀 우습지? 거칠고 짠바람을 이기기 위해선
이 방법밖에 없었어. 너도 무엇보다 세찬 바닷바람을
조심하는 게 좋을 거야."

나는 왠지 나와 비슷한 환경에서 뿌리를 내린
사철나무가 친근하게 느껴졌습니다.
"갈매기들이 그러는데 이름은 아주 중요한 거래요.
이 섬도 이름 문제로 시끄럽다고 하던데요?"
"풋내기가 모르는 게 없네. 심심한데 이야기 하나 들려줄까?"
내가 고개를 끄덕이자 사철나무가 입을 열었어요.

"이 섬은 독도라고 불리기 전에 여러 이름으로 불렸어.
처음에는 우산도(于山島)라고 불렸단다.
여기서 이백여 리쯤 떨어진 울릉도라는 섬과 함께 말이야.
삼국 시대에는 독도와 울릉도 모두
우산국이라는 작은 나라의 땅이었거든.
그런데 신라가 이사부 장군을 시켜 우산국을 정벌˙했어.
그러면서 울릉도와 독도 두 섬도 자연 신라에 속하게 되었지.

정벌 적을 힘으로 물리침.

조선 숙종 때는 '자산도(子山島)'라고 불렸어.

그 즈음 안용복이라는 어부가 용감하게 일본에 맞서

이 섬이 조선 땅임을 당당하게 알리기도 했지.

성종 때는 멀리서 보면 세 개의 봉우리가 보인다고 해서

'삼봉도(三峰島)'라고 했고, 정조 때는 가지어, 그러니까

강치가 많이 산다고 해서 '가지도(可支島)'라고 부르기도 했어."

"강치? 강치가 뭐예요?"

"바다사자랑 비슷하게 생긴 녀석들인데

이 섬에서 무리 지어 살았단다.

그 녀석들과 어우러져 살 때가 참 좋았는데……."

사철나무는 옛일을 떠올리며 푸른 가지를 부르르 떨었어요.

자산도

삼봉도

가지도

석도

독섬

독도

"1905년 무렵이었을 거야.
저쪽 나라의 어업 회사가 가죽과 기름을 얻으려고
강치를 닥치는 대로 잡아들이는 바람에 결국 멸종되고 말았어.
난 그때 어렸는데 그 광경이 너무도 끔찍해서
한동안 저쪽 나라 사람들만 보면 몸서리를 쳤지.
아무튼 그 강치를 '가제'나 '가지'라고도 해서
독도를 '가제도' 혹은 '가지도'라고 부르기도 했어."
"세상에! 너무 잔인한 얘기네요."

사철나무는 계속해서 설명해 주었어요.

그 후 사람들이 울릉도에 머물러 살기 시작하면서 독도는

돌로 이루어진 섬이라는 뜻에서 '석도' 혹은 '독섬'이라고 불렸고,

그것이 유래가 되어 지금의 '독도'가 된 거라고요.

"정말 모르는 게 없으시네요. 어떻게 그 많은 걸 다 알고 계세요?"

"키는 작지만 이래 봬도 내 나이가 자그마치 백 살이란다.

전에는 새들이 전해 주는 소식을 간간이 들어 알았지만

사람이 살면서부터는 그들의 이야기에 귀를 기울이게 됐지."

사철나무의 나이가 백 살이라는 말에 깜짝 놀랐어요.

그 오랜 세월 동안 비바람을 견디며 자란 나무가

참 대단해 보였습니다.

"이름에 관한 사연을 듣고 보니

이 섬이 이쪽 나라 땅이란 건 분명한 사실이네요."

사철나무는 날마다 새로운 이야기를 들려주었어요.
덕분에 독도에 대해서 조금씩 알게 되었답니다.
이쪽 나라의 지금 이름은 대한민국이고
저쪽 나라의 이름은 일본이라는 것도요.
"또 다른 문제는 저쪽 나라가 이 섬을 다케시마라는 일본식 이름으로
부를 뿐 아니라 바다도 일본해라고 부르고 있다는 거야.
너 왜 '동해'라는 이름이 중요한지 아니?"
"이 섬이 동해에 있어서요?"
"바로 그거야. 독도 주변의 바다가 일본해로 표기되면
독도가 저쪽 나라 땅인 것처럼 여겨질 수 있거든.
하지만 그건 말이 안 되지.
삼국 시대 이전부터 동해라는 말을 썼고
광개토 대왕릉비에도 동해란 말이 나와.
옛날 서양 지도에도 '동해', '동양해', '한국해' 등으로 표기되어 있고.
일본도 옛날에는 동해를 '조선해', '북해'라고 불렀거든.
그런데 이쪽 나라를 강제로 차지해 지배하던 때에
은근슬쩍 '일본해'라고 바꿔서 퍼뜨린 거야."

듣고 보니 '다케시마'와 '일본해' 둘 다
처음부터 쓰던 이름이 아니었어요.
그나마 다행인 건 대한민국의 여러 단체들이 나서서
노력한 끝에 동해와 일본해가 함께 표기된
세계 지도가 늘고 있다는 거예요.

독도

동해

일본해　다케시마

나는 드넓은 동해를 한참 동안 바라보았어요.
오늘따라 동해라는 이름이 독도라는 이름만큼이나
소중하게 느껴졌습니다.

독도에 얽힌 이야기를 듣고 나니 더욱더 내 이름이 궁금해졌어요.
하지만 섬을 오가는 철새들도, 그 어떤 꽃과 나무들도
내 이름을 알지 못했어요.
조금 더 자랐을 때 나는 깨달았어요.
해국이나 땅채송화 같은 꽃들과 괭이갈매기, 슴새 같은 새들은
모두 무리 지어 사는데 나만 혼자서 자라고 있다는 것을요.
심지어 저 높은 벼랑에 아슬아슬하게 자라는 사철나무도
여러 그루가 모여 있어요. 나처럼 혼자인 식물은 없었지요.
나는 점점 외롭고 슬퍼졌어요.
사철나무가 이런 내 마음을 알아차렸나 봐요.
"나도 처음에는 혼자였단다.
팥알 굵기의 작은 주황색 씨앗으로 이곳에 처음 왔지.
바위틈에 간신히 자리를 잡고 기나긴 세월을 참고 견뎠더니
뿌리를 멀리 뻗고 씨앗도 퍼뜨릴 수 있었단다.
너도 무럭무럭 자라서 꽃을 피우기만 하면
곳곳에 너를 닮은 친구들이 생겨날 거야."

밤이 되자 바람이 점점 강하게 불어왔어요.
"쿠르릉! 쿠왕!"
파도가 거세지고 하늘에서 요란한 천둥소리가 들렸지요.
폭풍우가 몰려온 것입니다.

바위틈에 몸을 숨긴 채 안간힘을 써 보았지만
집어삼킬 듯 달려드는 바람에 몸이 뿌리째 뽑혀 나갈 것 같았어요.
사철나무가 멀리서 소리를 지르며 응원했지요.
태풍을 견뎌 내야 꽃을 피울 수 있다고요.
나는 정신이 하나도 없어서 밤새 부들부들 떨기만 했습니다.

다음 날 아침이 되자 거짓말처럼 파도가 잔잔해지고
바람도 부드러워졌어요.
"후유, 다행이다!"
나는 안도의 한숨을 내쉬고는 주위를 둘러보았습니다.
밤사이 많은 풀과 꽃들이 뽑혀 나갔습니다.
엊그제 꽃을 피웠던 땅채송화도 엉엉 울고 있었어요.
가만히 보니 세찬 비바람에 노란 꽃잎이 다 떨어지고
꽃대만 덩그러니 남았지요.
나를 잡초라고 할 때는 얄미웠지만
서럽게 우는 모습을 보니 왠지 불쌍했습니다.
며칠이 지난 어느 날, 쪽빛 바다 위로 하얀 구름이
뭉게뭉게 피어올랐어요.
나는 상쾌한 아침 기운을 온몸으로 받아들이기 위해
활짝 기지개를 켰지요.
그런데 놀라운 일이 벌어졌어요.
잎사귀만 무성했던 내 몸 끝에 작은 꽃봉오리가
하나둘 맺히기 시작한 거예요.
"어린 나이에 폭풍우를 이겨 내다니! 애송이치고는 제법인데!"
사철나무가 칭찬해 주었습니다.

그리고 마침내 나는 연한 자줏빛 꽃을 피웠습니다.

은은한 향기를 뿜어내는 어여쁜 꽃.

종 모양의 꽃봉오리에서는

금방이라도 땡그랑 종소리가 들릴 것만 같았지요.

"넌 정말 멋진 꽃이었구나!"

해국들이 화들짝 놀랐어요.

그러자 나를 놀렸던 땅채송화도 쭈뼛쭈뼛 말했어요.

"잡초라고 해서 미안해."

"괜찮아요. 그리고 땅채송화 님은 내년에 다시

꽃을 피우면 되잖아요. 그러니까 너무 실망하지 마세요."

사철나무가 대견하다는 듯 나를 바라보았습니다.

"여기서 오래 살았지만 너처럼 생긴 꽃은 처음 본다.

사람들도 널 보면 아주 좋아할 거야."

"혹시 사람들이 날 꺾어 가면 어쩌죠?"

"걱정 마. 독도는 '천연 보호 구역'으로 정해져 있어서

모래 한 톨도 함부로 가져가지 못하니까.

특히 이 섬을 지키는 사람들은 이곳에 사는 모든 생명들을

아끼고 사랑해 준단다."

이 섬을 지키는 사람들이라면 나도 알고 있어요.
독도 경비 대원, 등대 관리원, 독도 관리 사무소 직원
그리고 이 섬에 사는 주민 두 명까지 말이에요.
모두가 독도를 사랑하고 보호하고 있어요.
특히 독도 경비 대원들은 한여름의 폭풍우와
한겨울의 폭설을 이겨 내며
항상 늠름한 모습으로 독도를 지키고 있답니다.

독도 주민

"뿌아아앙!"

잠시 후 고동 소리를 울리며 배가 도착했어요.

얼마 지나지 않아 근처에서 사람의 발자국 소리가 들렸지요.

나는 가슴이 두근거렸어요.

'누가 나를 처음으로 발견할까?'

내 쪽으로 다가온 사람은 큰 사진기를 들고 있었어요.

바위 여기저기를 다니며 나무와 꽃들을 찍기에 바빴지요.

특히 사철나무 쪽으로 가서는 반가운 표정으로 셔터를 눌러 댔습니다.

"잘 있었니? 네 사진 덕분에 나까지 유명해졌지 뭐냐.

사람들이 네가 오천 년을 이어 온 이 나라의

강인한 생명력을 닮았다고 하더구나."

아저씨가 사철나무를 보며 흐뭇하게 웃었어요.

사철나무는 대답이라도 하듯 가지를 흔들어 보였지요.

바로 그때였어요.

"아니, 여기에 섬초롱꽃이 있네!"

아저씨의 눈이 휘둥그레졌어요.

섬초롱꽃? 아하, 드디어 내 이름을 알게 되었어요!

아저씨는 힘겹게 바위를 기어 내려오더니

사진기로 나를 요리조리 찍었습니다.

아저씨가 돌아간 뒤, 나는 사철나무를 불렀어요.

"사철나무 님도 들었지요?"

"아무렴, 섬초롱꽃아! 이름이 참 어여쁘구나!"

사철나무가 기특한 눈으로 바라보았어요.

나는 기뻐서 어쩔 줄을 몰랐어요.

사철나무는 나를 발견한 아저씨가

독도의 식물을 조사하기 위해 온 생물학자 같다고 했어요.

이윽고 그 아저씨가 독도 경비 대원들을 데리고 다시 왔습니다.

"울릉도에만 있는 줄 알았던 섬초롱꽃이 독도에서도 발견되다니!

사람들에게 이 사실을 알려야 해요!"

아저씨는 흥분을 감추지 못했습니다.

아저씨는 경비 대원들에게 나를 잘 보살펴 달라고

당부하고는 돌아갔지요.

여름이 되면서 바다제비들이 돌아오기 시작했어요.

바다제비들은 괭이갈매기들보다 조금 더 늦게 이곳에 왔어요.

나를 이곳에 데려다준 바다제비를 보자

친구를 만난 것처럼 반가웠어요.

바다제비는 짝짓기를 마치고 가까운 곳에 둥지를 틀었습니다.

이윽고 알에서 귀여운 새끼가 태어났지요.

아기 제비는 엄마 제비가 물어 온 먹이를 받아먹으며 쑥쑥 자랐어요.

나도 엄마 제비와 함께 아기 제비의 서툰 날갯짓을

흐뭇하게 구경했고요.

엄마 제비가 먹이를 구하러 간 사이,
나는 아기 제비를 지켜보고 있었어요.
그런데 아기 제비가 총총거리며
쇠무릎이 모여 있는 곳으로 가는 게 아니겠어요?
다른 나라에서 바람을 타고 왔다는 쇠무릎은
무시무시한 녀석이에요.
잎사귀가 갈고리처럼 생겨서 작은 동물들이 걸려들면
꼼짝없이 죽을 수도 있어요.

"거긴 안 돼!"

나는 소리를 질렀어요.

그러나 호기심이 많은 아기 제비는 걸음을 멈추지 않았어요.

그러다 그만 쇠무릎에게 걸려들고 말았지요.

"쇠무릎아! 아기 제비를 놔 줘!"

"넌 참견하지 마, 여기는 내 땅이란 말이야. 그러니까 누가 침범하래?"

"그게 말이 되니? 그렇게 따지면 여긴 바다제비가
해마다 찾아오는 곳이야.
너야말로 언젠가 불쑥 나타난 침입자잖아!"

"우리가 한번 자리를 잡은 이상, 이 땅은 우리 땅이야!"

아기 제비가 날개를 파닥거릴수록 쇠무릎은 더 세게 조였어요.

어린 제비는 파드득거리며 가쁜 숨을 몰아쉬었어요.

"어쩌면 좋아!"

나는 발을 동동 굴렀어요.

그런데 때마침 독도 경비 대원 아저씨들이 나타났어요.

경비 대원 한 분이 쇠무릎에 걸려 옴짝달싹 못하는 바다제비를 발견하고 소리를 질렀어요.

"저기 좀 봐, 제비가 쇠무릎에 걸려서 꼼짝도 못하고 있어!"

아저씨들은 아슬아슬한 절벽을 타고 낭떠러지로 내려왔어요.

"제비야, 조금만 기다려!"

나는 독도 경비 대원 아저씨들에게 응원을 보냈어요.

아저씨들은 마침내 쇠무릎에게서 아기 제비의 날갯죽지를 떼어 냈어요.

다행히 아기 제비는 거의 다치지 않았나 봐요.

아기 제비는 아저씨의 손바닥 위에서 바들바들 떨고만 있었어요.
"아직 어린 제비로구나! 엄마는 어디 있니?"
나는 큰 소리로 제비를 불렀어요.
"아기 제비야! 이쪽이야. 어서 이리로 와!"
아기 제비는 어리둥절한 표정으로 두리번거리더니
이내 내 쪽으로 힘겹게 걸음을 뗐어요.
그때 먹이를 구하러 갔던 엄마 제비가 나타났어요.
아기가 없어진 줄 알고 깜짝 놀란 엄마 제비는
아기 제비를 데리고 서둘러 둥지로 돌아갔습니다.
그 소동이 있은 뒤, 독도 경비 대원들은
욕심 많은 쇠무릎을 없애기 시작했어요.
"아이코! 아이코!"
쇠무릎들은 바위에서 떨어져 나갈 때마다
비명을 질러 댔어요.

가을이 되었습니다.

해국들이 분홍빛, 하얀빛으로 가득 피어났습니다.

나를 처음 발견한 아저씨가 다시 독도를 방문했어요.

아저씨는 해국으로 뒤덮인 독도의 풍경을 사진기에 담았습니다.

해국은 꽃봉오리를 곧추세우고 아름답게 포즈를 취했어요.

아저씨는 사진을 다 찍고 나에게 다가왔습니다.

"넌 독도의 희망이야. 겨울 동안 잘 견뎌서
내년에도 예쁜 꽃을 피우렴."

아저씨 이야기를 들으니 기분이 좋아졌어요.

다음 해에도, 또 그다음 해에도 다시 어여쁜 꽃을
피울 수 있다는 걸 알게 되었으니까요.

나는 그해, 독도에서 첫 겨울을 보냈습니다.
춥고 매서운 바람 속에서도 아저씨의 말을 떠올리며
꿋꿋하게 견뎠어요.
나는 더 이상 외롭지 않았어요.
내 옆에는 이 섬을 지키는 사람들,
그리고 사철나무와 꽃 친구들이 있으니까요.

봄이 되자 어김없이 괭이갈매기들이 찾아왔습니다.
"넌 어디서 왔니?"
"울릉도. 그런데 그 섬에서도 독도가 잘 보이더라고!"
"내가 전에 심심해서 저쪽 나라 섬에도 가 봤는데
시마네 현의 오키 섬인가? 멀어서 죽는 줄 알았어.
그 섬에서는 독도가 보이지도 않더군."
괭이갈매기들이 끼룩끼룩 떠들어 댑니다.
"예로부터 울릉도 주민들은 독도를 보아 왔고
독도에 와서 물고기를 잡으며 자연스럽게 독도를
이쪽 나라 땅으로 여겼지."
사철나무도 맞장구를 칩니다.

날씨가 따뜻해지면서 배를 타고 오는 사람들이 많아졌어요.
하루는 독도 지킴이로 널리 알려진 가수가 와서 노래를 불렀어요.
아름다운 노랫소리에 힘을 얻어 나는 또 한 번 아름다운 꽃을 피웠지요.
괭이갈매기 한 마리가 내 옆으로 날아왔습니다.
"우아! 넌 자기 이름도 모르는 잡초 아니었니?"
자세히 보니 작년에 나를 바보라고 놀렸던 괭이갈매기였어요.
그 갈매기가 자라서 짝짓기를 하기 위해 독도에 온 거예요.
나는 보랏빛 꽃망울을 흔들며 말했어요.
"난 섬초롱꽃이야!"
때마침 거센 파도가 절벽을 철썩 때리고 지나갔어요.
"뭐라고? 잘 안 들려."
괭이갈매기가 고개를 갸웃거리며 다시 물었어요.

나는 다시 한 번 큰 소리로 외쳤습니다.

"내가 사는 섬은 독도! 내 이름은 섬초롱꽃!"

섬초롱꽃이 들려주는
독도 이야기

독도는 512년(신라 지증왕 13년)에 처음 우리 땅이 되었어요.
그 뒤로 천오백 년이 넘는 세월을 우리 역사 속에 자리매김해 왔지요.
우리의 땅, 독도에 대해 자세히 알아보아요.

자, 나와 함께 독도를 여행해 볼래요?

　울릉도에서 동남쪽으로 이백 리, 그러니까 배를 타고 두 시간 정도를 가면 내가 살고 있는 섬 독도가 나와요. 우리나라의 가장 동쪽 끝이지요. 울릉도의 높은 곳에 서서 보면 독도가 바로 보여요. 그만큼 독도와 울릉도는 가깝답니다.

　독도는 바닷새들과 해양 생물들의 천국이에요. 섬 전체가 천연기념물(제336호)로 지정될 만큼 귀한 동식물이 깃들어 살지요. 특히 식물은 험한 독도의 환경에 적응하며 독특한 특징을 이뤄 왔어요. 바닷바람이 거

독도는 괭이갈매기가 알을 낳고 사는 곳으로 유명해요. 뿐만 아니라 바다제비, 슴새 그리고 각종 철새들도 독도에 와서 알을 낳아 기르지요.

칠고 물과 흙이 부족해 식물이 살기에는 어려운 환경이거든요. 독도의 생물들은 대부분 나라에서 관리하는 국가 보호 종들이에요. 그래서 하루에 방문할 수 있는 인원과 둘러볼 수 있는 지역이 제한되어 있지요.

독도는 두 개의 커다란 바위섬과 89개의 크고 작은 바위로 이루어져 있어요. 두 개의 바위섬 중 동쪽에 있는 섬을 '동도', 서쪽에 있는 섬을 '서도'라고 불러요. 동도에는 배를 댈 수 있는 시설이 있고, 독도를 지키는 경비 대원들이 머무는 숙소와 경비 초소, 등대가 있어요. 서도에는 1991년부터 이곳으로 옮겨 온 주민 한 가구가 살고 있지요.

동도의 모습이에요. 섬 꼭대기에 경비 대원의 숙소와 초소, 등대가 있고 오른쪽 아래에는 배를 댈 수 있는 시설이 있어요.

서도의 모습이에요. 아래쪽에 독도 주민이 사는 숙소가 있어요.

독도가 우리 땅이라는 근거는 역사 속에서 쉽게 찾을 수 있어요. 우리나라 옛 자료나 기록에 독도가 자주 등장하거든요. 독도의 역사에 대해 알아보아요.

우리 역사에서 독도를 만나요

먼저 고려 시대의 역사책《삼국사기》를 보면 512년(지증왕 13년) 6월에 신라의 이사부 장군이 우산도를 정벌해서 해마다 특산물을 받았다는 내용이 있어요. 여기에 나오는 '우산도'가 바로 울릉도와 독도예요. 울릉도와 독도는 원래 우산국이라는 작은 나라에 속해 있었는데 신라가 차지하면서부터 '우산도'라고 불렸거든요.

또 다른 역사책《고려사》에는 1379년(우왕 5년)에 "왜가 무릉도에 보름 동안 머물다가 물러갔다."라는 기록이 나와요. 이 '무릉도'도 울릉도와 독도를 이르는 말이에요. 1350년부터 고려 말까지 울릉도와 독도에 왜구가 계속 침입했는데 이러한 사실을 기록한 것이지요. '침입'을 했다는 것은 독도가 확실히 우리나라 땅이었다는 걸 의미해요. 만일 독도가 일본 땅이었다면 이렇게 기록할 리 없지요. 자기 땅을 침입한다는 건 말이 안 되니까요.

조선 시대의 지리 책인《세종실록지리지》에는 "우산(독도)과 무릉(울릉도) 두 개의

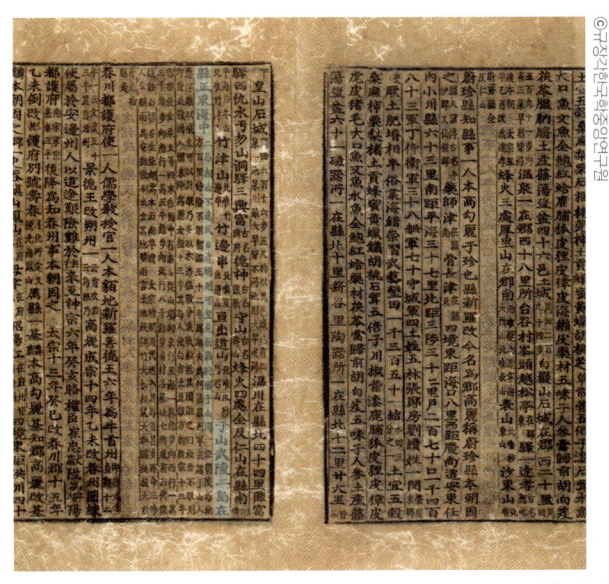

1454년에 펴낸《세종실록지리지》에 독도와 울릉도에 관한 내용이 담겨 있어요.

섬이 현의 정동쪽 바다 가운데에 있다. 두 섬의 거리가 멀지 않아 날씨가 맑으면 바라볼 수 있다. 신라 때는 우산국이라 불렀다."라는 기록이 있어요. 이때부터 독도와 울릉도를 따로 분리해서 불렀다는 것을 알 수 있지요. 독도를 우산도라고 불렀다는 사실도요.

더 나아가 《숙종실록》에는 '안용복'이란 어부가 일본에 직접 가서 독도가 조선의 땅임을 당당하게 밝힌 일이 상세하게 기록되어 있어요. 그때 우산(于山)을 자산(子山)으로 잘못 읽어서 '자산도'란 이름이 생겼다는 일화가 전해 오기도 해요.

그리고 1906년에 이르러 우리에게 익숙한 독도라는 이름으로 불리기 시작했어요. 19세기 말 온통 돌로 이루어진 섬이라고 해서 '석도' 또는 '독섬'이라고 불리다가 그 이름이 변해 지금의 독도가 되었지요. 이 밖에도 수많은 역사 기록 속에서 독도가 우리 땅임을 뒷받침하는 내용을 찾아볼 수 있어요. 반면 그토록 자기네 땅이라고 주장하는 일본의 역사책에서는 독도에 대한 기록을 거의 볼 수 없답니다.

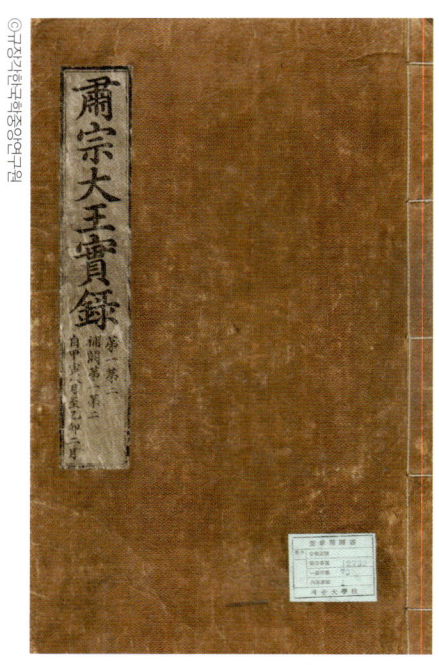

숙종이 왕위에 있던 46년간의 역사를 기록한 《숙종실록》이에요. 독도와 관련하여 안용복의 일화가 담겨 있어요.

일본이 독도를 자기네 땅이라고 주장하는 근거는 무엇일까요?

첫째, 일제 강점기 이전에 독도를 발견했고, 어디에도 속하지 않은 무인도였기 때문에 자신들이 관리해 왔다는 거예요. 그러나 우리나라의 여러 역사·지리 책에 나와 있듯이 독도는 무인도가 아니라 신라 시대부터 우리 영토에 속했던 우리 땅이에요. 심지어 일본의 역사책이나 지도에도 독도를 우리 땅이라고 표시한 기록이 남아 있답니다. 그런데도 이렇게 말도 안 되는 근거를 내세워 우기고 있는 거예요.

두 번째는 제2차 세계 대전 이후 연합국과 맺은 평화 조약을 근거로 들고 있어요. 이 조약에는 '일본은 한국의 독립을

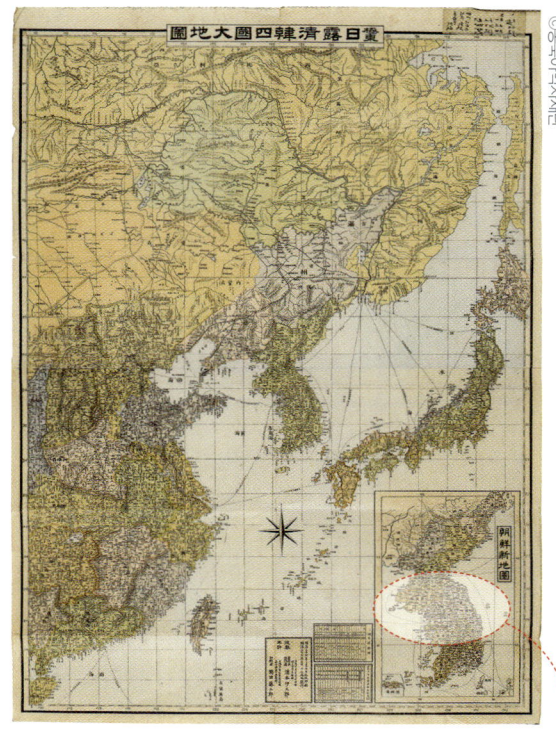

1904년, 일본에서 만든 〈극동일로청한사국대지도〉예요. 이 지도에는 일본, 조선, 청, 러시아가 나와 있어요.

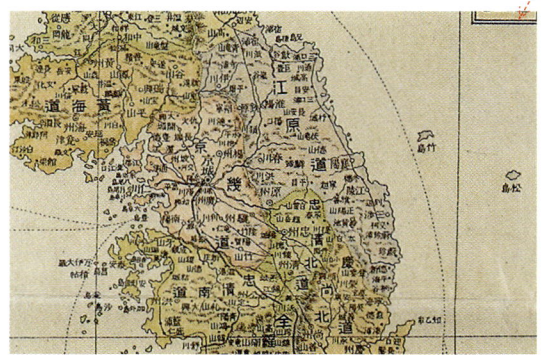

밑에 따로 실린 조선 지도에서 볼 수 있듯 울릉도와 독도는 강원도와 똑같이 연한 보라색으로 표시되어 있어 독도를 강원도에 속한 섬으로 여겼음을 알 수 있지요.

인정하고, 제주도, 거문도 그리고 울릉도를 포함하는 한국에 대한 모든 권리 등과 청구권*을 포기한다.'라고 쓰여 있어요. 이 조항에 대해 우리나라는 독도가 울릉도에 딸린 부속 섬이므로 당연히 포함된다고 해석해요. 그런데 일본은 독도라는 직접적인 문구가 없다는 이유로 독도를 한국 땅이 아니라고 해석하지요. 일본의 주장대로라면 우리나라의 섬 3천여 개의 이름을 모두 다 써야 한다는 말인데 그것은 누가 보아도 터무니없는 억지 주장일 수밖에 없어요.

청구권 특정한 누군가에게 어떤 행위를 요구할 수 있는 권리.

그런데 일본은 왜 그렇게 독도를 탐내는 걸까요?

한마디로 말해서 독도를 차지하면 여러 모로 이익이 되기 때문이에요. 먼저 독도 주변의 바다가 해산물이 풍부한 황금 어장으로 손꼽히거든요. 북쪽에서 내려오는 차가운 한류와 남쪽에서 올라오는 따뜻한 난류가 만나는 곳이라 다양하고 희귀한 물고기들이 가득하지요. 독도를 차지하면 독도 주변 바다에서 해산물을 채취˙할 권리를 얻게 돼요. 뿐만 아니라 독도와 그 주변 바다에 묻혀 있을 것으로 보이는 천연가스나 하이드레이트˙ 같은 지하자원에도 눈독을 들이고 있지요.

더욱이 독도는 군사적으로도 중요한 곳에 위치해 있어요. 일본이 러일 전쟁 때(1904~1905년) 독도에서 러시아 해군의 움직임을 미리 알아차려 큰 승리를 거둔 적이 있거든요. 러시아와 북한의 움직임을 살피는 데 있어서 독도는 일본에게 아주 중요한 군사 기지가 될 수 있답니다. 이제 일본이 우리 땅 독도를 탐내는 이유를 알겠지요?

채취 캐거나 얻음.
하이드레이트 천연가스가 낮은 온도와 압력에 의해 얼음 같은 덩어리가 된 물질.

누가 뭐라고 해도 독도는 우리 땅!

일본 정부는 계속해서 전 세계에 왜곡된 사실을 퍼뜨리고 있어요. 세계 지도에 '독도(Dokdo)'를 '다케시마(Takeshima)'로 표기하고 '동해(East sea)'를 '일본해(Sea of Japan)'로 표기하도록 부추기고 있지요. 일본 국민에게는 독도가 일본 땅이라는, 날조된 역사를 알리기 위해 기를 쓰고 있어요. 아이들이 보는 교과서를 왜곡하는 것은 물론이고, 최근에는 독도가 일본 땅이라는 내용을 담은 교육용 동영상을 만들어 퍼뜨리기까지 했지요. 심지어 일본 시마네 현에서는 '다케시마의 날' 행사를 벌여 독도가 일본 땅이라고 대대적으로 홍보하고 있답니다.

이러한 일본의 농간 때문에 독도를 일본 땅인 줄 아는 사람들이 늘어나고 있어요. 정말 안타깝고 분통이 터

일본에서 출간된 중학교 교과서에 독도가 일본 땅이라는 주장이 담겨 있어요. 이들 교과서에는 독도가 '다케시마'로 표기되어 있고, 독도가 일본 땅인데 한국이 불법으로 차지하고 있다는 등의 왜곡된 내용이 실려 있어요.

지는 일이지요. 이렇게 일본 정부가 말도 안 되는 억지를 쓰고 있기 때문에 우리 땅, 독도를 지키기 위해서는 그 어느 때보다 정신을 바짝 차려야 해요. 독도가 역사적으로 아주 오래전부터 우리 땅이었다는 사실을 일본뿐 아니라 세계 친구들에게도 잘 설명할 수 있도록, 독도에 대해 더 많은 관심을 기울이고 더 깊이 알도록 노력해야겠어요.

왜곡 사실과 다르게 해석하거나 그릇되게 함.
날조 사실이 아닌 것을 사실인 것처럼 거짓으로 꾸밈.
농간 남을 속이거나 남의 일을 그르치게 하려는 간사한 꾀.

독도에 사는 동·식물 친구들

독도에는 다양한 동·식물 친구들이 살아요. 나를 비롯하여 앞에서 만난 친구들에 대해 좀 더 자세히 살펴볼까요?

섬초롱꽃 초롱꽃과의 여러해살이풀로 키는 약 30~100센티미터 정도이며, 바다로 둘러싸인 섬에 살아요. 우리나라의 울릉도가 원산지예요. 8월에 연한 자주색 꽃이 피어요.

괭이갈매기 갈매깃과의 물새예요. 몸길이는 46센티미터이지요. 울음소리가 고양이와 비슷해서 괭이갈매기라는 이름이 붙었어요. 4~7월까지 알을 낳아요.

바다제비 우리나라 바다의 외딴 섬에서 사는 여름 철새로 몸길이는 약 19센티미터예요. 경사진 곳이나 나무뿌리 밑, 바위 틈에 알을 낳아요.

쇠무릎 산과 들에서 자라는 여러해살이풀이에요. 마디가 소의 무릎처럼 굵게 튀어나왔다고 해서 쇠무릎이라는 이름을 얻었어요. 키는 50~100센티미터이고 8~9월에 연한 녹색 꽃이 피어요.

사철나무 우리나라에서는 주로 중부나 남부 해변에서 자라요. 사철나무는 원래 3미터까지 자라는데 독도에 사는 사철나무는 강한 바닷바람을 견디기 위해 1미터 정도로 작게 자라요. 동도의 천장굴 주변에 80~120년 된 사철나무들이 자라고 있는데 2012년 10월, 천연기념물 제538호로 지정되었답니다.

땅채송화 흙이 적은 바위에서 자라요. 높이는 10센티미터 정도이고 옆으로 줄기를 뻗으면서 많은 가지를 내요. 5~6월에 노란 꽃이 피며, 독도에 적응해 잘 자라는 식물 가운데 하나예요.

해국 바닷가에서 자라는 국화과의 여러해살이풀이에요. 키는 30~60센티미터이고, 잎이 두꺼워요. 7~10월에 연한 분홍빛 또는 흰색 꽃을 피워요.

섬초롱꽃, 내 이름에 숨어 있는 안타까운 비밀을 아시나요?

2008년, 과학 교사 이명호 선생님이 독도에서 처음으로 섬초롱꽃을 발견했어요. 섬초롱꽃은 한국 특산종으로 원래 울릉도에서 볼 수 있는데 독도의 서쪽 섬인 서도 정상의 낭떠러지에 피어 있었다고 해요. 외진 곳이라 그동안 발견되지 않았던 거예요.

그런데 이 꽃의 학명*이 '다케시마나(Campanula takesimana)'인 것을 아나요? 일본의 나카이라는 식물학자가 섬초롱꽃의 학명을 독도의 일본 이름을 따서 다케시마나라고 지었어요. 처음 발견한 사람이 학명을 붙일 수 있거든요. 섬초롱꽃뿐 아니라 일본 학명이 붙은 우리나라 식물이 꽤 많다고 해요. 일제 강점기에 일본 학자들이 붙인 것이지요. 일본이 우리나라의 국권뿐 아니라 생물 주권까지 가져가 버린 셈이에요. 참으로 안타까운 일이 아닐 수 없지요.

학명 생물학에서 세계 사람들이 함께 쓰는 고유한 이름.

작가의 말

우리의 영원한 대한민국 독도리!

저는 작년에 가족들과 함께 울릉도에 다녀왔습니다. 봄이 완연한 그곳에는 어여쁜 섬초롱꽃이 피어 있었어요. '섬초롱꽃 도서관' 앞에도, 그리고 독도 박물관으로 올라가는 길에도. 그 연분홍빛 꽃망울들이 자꾸만 눈에 들어왔습니다. 그리고 박물관 입구 비석에서 박정진 시인이 쓴 시 〈독도〉를 만날 수 있었어요.

> 동해 제일 끝에서 육중한 몸을 흔들어
> 맨 먼저 잠을 깨어 달려 나와
> 일출을 온 몸으로 받아 날마다 새롭게 피어나는
> 암청색 네 몸뚱어리

이렇게 독도를 꽃으로 비유한 시구를 읽으며 자연스럽게 섬초롱꽃과 독도에 관한 이야기를 떠올리게 되었습니다.

다음 날, 독도로 들어가는 배를 탔지만 아쉽게도 파도가 심해 내리지 못하고 갈매기처럼 섬 주위를 맴돌며 독도를 구경했습니다. 독도의 전경을 실

제로 보자 가슴이 뜨거워지더군요. 아마 누구라도 그랬을 거예요.

　이렇게 아름다운 우리 섬을, 오랜 세월 우리와 함께해 온 독도를 일본이 자꾸 자기네 땅이라고 주장합니다. 독도를 차지하기 위한 일본의 작업은 갈수록 교묘하고 치밀해지고 있어요. 자국의 교과서에도 왜곡된 사실을 싣고 정부 관료들은 공개적으로 독도를 일본 땅인 것처럼 말하여 우리를 분노하게 합니다. 이럴수록 우리는 지혜와 힘을 모아야 해요. 우리 조상들이 그래 왔던 것처럼요.

　독도 지킴이가 되는 방법은 그리 어렵지 않아요. 먼저 우리 땅, 독도에 대해 많이 아는 거예요. 그리고 책이나 인터넷 등에서 독도와 동해의 이름이 일본식으로 잘못 적힌 곳을 발견하면 바로 잡을 수 있도록 알려 주는 거지요. 온 국민이 역사를 바로 알고 널리 전한다면 독도의 주소는 언제까지나 '대한민국 경상북도 울릉군 울릉읍 독도리'로 남을 거예요!

　　　　　　　　　　　섬초롱꽃이 종소리를 내며 피어나는 계절에
　　　　　　　　　　　　　　　장지혜

"나는 더 이상 외롭지 않았어요.
내 옆에는 이 섬을 지키는 사람들,
그리고 사철나무와 꽃 친구들이 있으니까요."